AF563445

INDISCRÉTIONS ET CONFIDENCES

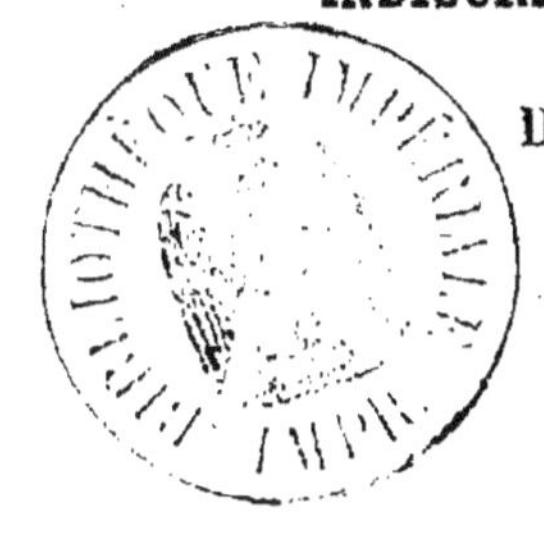

D'UNE PERRUCHE.

Qui je suis, cher lecteur? Si je ne vous le disais point, vous le devineriez, rien qu'à mes plumes vertes et à mon bec crochu. J'aime donc mieux tout d'abord vous faire ma confession pleine et entière. Je suis,... non, j'étais, mercredi dernier, la perruche favorite de Triboulet, ce fou royal d'une Majesté qui n'eut pas toujours son bon sens.

Une perruche! Pourquoi pas? Dans un siècle où certains hommes sont si.... —pardon, j'allais débuter par une sottise — ne serait-il point permis à un pauvre oiseau de ne pas être,... ce que je voulais dire tout-à-l'heure. Et d'ailleurs, perruche de noble race a le droit d'avoir un secrétaire, et j'en ai choisi un qui a tout juste assez d'esprit pour n'écrire que ce que je répète, lorsqu'il ne me plaît pas de tracer moi-même sur le vélin l'empreinte de mes deux griffes.

Mercredi soir, la brise soufflait, tiède et embaumée, à travers les orangers du cours Napoléon ; le ciel resplendissait d'étoiles que réflétaient les eaux bleues du golfe d'Ajaccio. La ville entière était en fête, car le Préfet de la Corse avait ouvert ses salons pour un dernier bal, et la foule se pressait aux abords de la préfecture pour admirer les costumes des nombreux invités.

Fière et pimpante, malgré mes quatre-vingt-dix printemps, j'étais au poing de mon maître, m'attribuant — les perruches sont vaniteuses, à ce que déclare M. de Buffon — une partie des éloges que valaient au sosie de Triboulet son justaucorps irréprochable dans ses bigarrures. son couvre-chef fantastique et les grelots de sa marotte. Je me crus transportée sous mon ciel des tropiques. Un tapis de verdure recouvrait les degrés de l'escalier, des massifs de fleurs déguisaient la nudité des murailles ou grimpaient aux colonnes des portiques ; les trois salons ressemblaient à des jardins enchantés qu'auraient embrasés les feux de milliers de bougies.

Un franc éclat de rire accueillit celui que la pruderie de la scène italienne a baptisé jadis du nom de Rigoletto. J'eus un succès d'enthousiasme, et, afin de ne pas user en une fois tout mon répertoire, j'évitai à grand peine les caresses des dames, les agaceries plus rudes des cavaliers, et m'aidant de mon mieux de mon bec et de mes griffes, je m'établis sur le haut d'une glace au milieu d'un bouquet de magnolias. Trois siècles sur de frais visages défilèrent devant moi.

Une ronde commence le bal. Un zouave de sept ans, charmant de martiale désinvolture, et une coquette marquise de dix ans font les honneurs de la maison à leurs jeunes compagnons avec une grâce si naturelle qu'ils semblent ne pas en être à leur coup d'essai. Et vous, M. le capitaine des gardes françaises, je ne conseillerais pas aux gentilles soubrettes qui caquètent autour de vous, de vous suivre au bois, ou de courir après les bleuets dans les blés, quand la moustache dont vous relevez les crocs avec tant de crânerie, ne sera plus l'œuvre de votre coiffeur ou de votre gouvernante. Heureusement que ce sont vos sœurs, dit-on au-dessous de moi.

Le Roi ! Place au Roi! François Ier, le manteau royal jeté sur les épaules, s'avance entre deux haies de curieux, comme autrefois le roi chevalier dans son Louvre, au milieu des seigneurs de sa cour. Il est haut, dédaigneux, amoureux de toutes les femmes, parfaitement dans son rôle, c'est senti....

— Affreux calembourg, murmure mon secrétaire qui s'avise de temps à autre d'être grave, sous prétexte qu'il étudie l'histoire qu'il ne saura jamais.

Et après tout, il a raison. Ne nommons pas les masques et servons-nous encore moins de ces initiales commodes qu'ont inventées les perroquets mes confrères, chroniqueurs des grands et des petits journaux. N'est-il pas vrai, chers lecteurs, qu'au fond il vous importe peu que l'on vous répète pour la millième fois peut-être qu' au bal de M. U**, Mme X** portait une robe de satin vert, et qu'il a fallu près de deux mètres de ruban pour ceindre l'opulent corsage de Mlle Y**.

Je préfère vous montrer l'élégant costume velours et or de ce jeune hidalgo qui a les grandes manières du comte Almaviva et qui rendrait des points au Barbier de Séville lui-même pour danser le fandango. Gentilshommes et muletiers espagnols se donnent de fraternelles poignées de main, et j'aperçois dans un angle un traître de mélodrame qui réclame à un bandit calabrais un vis-à-vis pour un prochain quadrille. Plus loin, un pacha turc qui hier, affublé d'une robe noire, défendait au palais la veuve et l'orphelin, paraît embarrassé pour jeter le mouchoir, — on le serait à moins — et coudoie, sans trop s'irriter du voisinage, un pirate grec dont le yatagan inoffensif est cloué dans le fourreau.

Ce que c'est que de nous ! Dans ce breton aux cheveux plats et pendants, au chapeau traditionnel, aux braies séculaires, je n'aurais pas reconnu le charitable officier qui chaque jour, en se rendant à l'appel, dépose un morceau de sucre au pied de mon perchoir, s'il n'eût tiré de la plus profonde des poches de sa large veste le tribut qu'il me destinait le lendemain.

Et ce chinois ? Quel dommage que dans le trajet d'Asie en Europe sa barbe soit devenue si longue et sa queue si courte. Sa robe bleue à ramages impossibles a vu le pays où naissent les poussahs et où l'on mange les nageoires de requin et les nids d'hirondelles.

Le spahis qui enlève un *Lanciers* avec le même entrain qu'il enlèverait un goum arabe, n'est pas un spahis d'emprunt. Il a entendu siffler le vent des balles kabyles, et, type de l'aristocratie nouvelle, il a montré sa veste rouge aux crêtes du Jurjura et aux plus nobles salons du faubourg Saint-Germain.

Gardez vos yeux et surtout vos cœurs, trop sensibles cavaliers. Voulez-vous choisir la plus belle : aveuglez-vous dans les plis d'un domino et choisissez au hasard.

Voici d'abord, toute ruisselante de perles sur un busc de satin, Marie de Médicis : elle n'est point encore reine de France, assise auprès de sa mère Jeanne d'Autriche, elle se contente de captiver les Florentins, et elle a pour fille d'honneur une délicieuse marquise qui cache sous des nuages de poudre ses dix-sept ans et ses cheveux blonds. La duchesse de Chevreuse et une grande dame du temps de Louis XV reçoivent tour à tour les hommages d'une foule empressée. Elles aussi, contribuent dans leurs salons aux plaisirs de la ville, et, — indiscrétion de perruche — font de leurs richesses un noble emploi, en soulageant les infortunes cachées.

Marie Stuart n'a pas l'air de craindre la haine de de sa terrible cousine, car elle entraîne dans le tourbillon de la valse tout un clan d'écossaises. Elle s'arrête un instant devant une charmante Bohémienne qui frappe sur un tambour de basque et promet à chacun sa bonne aventure. Esmeralda, Esmeralda, quand vous la dira-t-on à vous-même? Et vous, belle Rebecca, qui débutez dans le monde par un triomphe, quel heureux Isaac enverra vers vous un nouvel Eliézer?

Duchesses et contadines napolitaines, marquises qui portez si hardiment la mouche assassine et l'œil de poudre à la reine, paysannes de Glaris et d'Appenzell, jardinière de Trianon et senoras andalouses, rêveuses allemandes et brunes transtévérines, qui pourrait vous nommer toutes et détailler le bon goût de vos costumes, la fraîcheur de vos toilettes et l'inépuisable gaîté qui vous anime. Vous êtes toutes gracieuses, et, par le grand Ara, si j'étais homme, je serais plus embarrassé que Pâris; je ne saurais qui saluer la première, ou de la fraîche Aurore, ou de la fière vestale romaine, ou de la brune Haydée, ou de la jeune grecque de Missolonghi. J'allais oublier Edith au cou de cygne, drapée dans le plaid des hautes terres d'Ecosse, et la main dans la main de sa sœur devenue pour une nuit la fille d'un roi d'Aragon. Perruche, Perruche, au lieu des biscuits trempés dans un vieux chypre, si vous négligez tant de belles, leurs jolis doigts vous donneront des chiquenaudes sur le bec.

Décidément, une place au milieu d'un bouquet a bien son prix. Non seulement, je voyais tout, mais j'entendais toutes les conversations. Rien n'est dangereux comme une perruche aux écoutes.

— Que dites-vous du bal, demande à l'un de ses ex-confrères dans l'art de Vestris, un danseur émérite qui, pour avoir renoncé à Satan, à ses pompes et à ses œuvres, n'a point abdiqué encore son rôle d'homme du monde.

— Délicieux, très-cher : mais vous avouerez avec moi que jamais les salons de la préfecture n'ont compté plus de danseurs, et surtout plus de danseuses.

— Combien sommes-nous donc, reprend une bouquetière aussi fraîche que les roses de sa corbeille.

— Soixante-cinq, et plus encore, si j'ajoutais les dominos qui peuvent nous cacher leur joli visage, mais qui ne peuvent pas assez se taire pour que, grâce à leur esprit, leur nom ne devienne pas le secret de la comédie.

— Et toutes nous sommes.....

— Adorables, belle jardinière.

Là, deux graves personnages s'entretiennent de la crise commerciale et des mesures que prend le gouvernement de l'Empereur afin de soulager les souffrances passagères des ouvriers.

— Calculez, s'il vous plaît, dit l'un, en supputant sur ses doigts. La totalité de la toilette de chacune de ces dames coûte au moins 100 fr., n'est ce pas. Chacun de ces Messieurs a bien dépensé 50 fr. pour son costume, et mes appréciations demeurent bien au-dessous de la réalité. Cela fait donc, sauf erreur, 10,000 fr. de plus en circulation parmi les classes laborieuses. Je commence à comprendre qu'un bal où un Préfet prodigue tant de luxe et de splendeur est une bonne œuvre.

Quel dommage qu'un groupe nouveau ait dérangé mes financiers en herbe ! J'allais apprendre ce qu'avaient gagné les fournisseurs ajacciens depuis le coiffeur jusqu'au bottier. Dans mon métier de perruche, on n'en sait jamais trop.

Plus loin deux amis se rencontrent.

— Et depuis quand êtes-vous arrivé ?

— La neige m'a chassé de la montagne. A peine ai-je eu le temps de me faire présenter ?

— Pendez-vous, caro mio, on a polké ici, tous les mercredis depuis le mois de décembre, et vous n'y étiez pas.

Heureusement, vous êtes arrivé pour le bouquet.

— C'est donc le dernier bal?

Mes deux interlocuteurs baissèrent la voix ; pas si bas pourtant que je n'entendisse parler d'un triste anniversaire, de douleurs de famille. Que du moins M. Géry sache bien que la Corse s'associe toute entière à ce deuil !.. Puisse cette pensée l'aider à dévorer ses larmes, à marcher le front calme, l'intelligence libre vers le but qu'il poursuit avec tant de dévouement, sans jeter trop de regards en arrière sur la place que Dieu a faite vide à son foyer !

Une avalanche de diables interrompit les conversations. Les gens de service eurent fort à faire de garer les plateaux qu'ils promenaient sans cesse dans la foule, et dont les mille friandises, toujours renouvelées, excitaient en moi de douces convoitises. J'eus peur un instant. Mais ce n'était pas en enfer que MM. Satan, Béelzébut et compagnie, prétendaient entraîner les belles déguisées. Ils entreprirent avec elles un quadrille échevelé. Puis, quand ils furent rentrés dans les profondeurs de l'office, emmenant avec eux M. le garde française coupable sans doute d'avoir volé un baiser à une fringante soubrette, et poursuivis par mon zouave, le sabre nu ; l'antique cornet des défuntes diligences Lafitte et Caillard résonna dans les corridors. Un facteur des postes s'avança et présenta aux dames des lettres timbrées de fraîche date dans le cabinet du poète dont

M. Géry s'est fait, depuis plusieurs années, l'aimable et respecté Mécène. Curieuse, je descendis bien vite de mon observatoire, et sans plus de façons, j'allai me percher sur l'épaule de M. Marie Lefebvre. J'ai lu par dessus, je l'en préviens, et j'ai retenu de mon mieux.

Mme la Princesse Bonaparte occupait un fauteuil auprès des portraits de Leurs Majestés qui semblaient ainsi présider à la fête. C'est à elle que le facteur remit cette première missive.

Madame, Savez-vous ce qui met tant de joie
Au front des Corses fiers, dans ces brillant salons ?
Ce n'est pas seulement la danse qui déploie
Sous leurs yeux réjouis ses mille tourbillons...
C'est qu'ils sont entourés de leurs Napoléons !
C'est qu'ici du pinceau l'éclatante richesse
Nous montre de leurs traits la grave majesté ;
— Et si de ces lambris notre regard s'abaisse,
Nous retrouvons en vous, Madame la Princesse,
Leur nom, leur grâce noble, et surtout leur bonté !

Mon zouave et sa charmante marquise devaient avoir leur tour, et c'était bonne justice.

Aimable enfant, gentil zouave,
Ta gaîté, ton front radieux,
Ta bonne grâce et ton air brave
Attirent déjà tous les yeux...
Lorsque, — plus grand — contre les belles
En conquérant tu marcheras,
Je tremble pour les citadelles
Qui se trouveront sur tes pas !

Vous êtes charmante, marquise,
Avec vos petits airs vainqueurs ;
Longueville, Rohan, Soubise,
N'ont jamais séduit tant de cœurs !
Vous avez leurs grâces suprêmes...
Et, — de plus — quelque chose en vous
Qui fait que les anges eux-mêmes
Pourraient se mettre à vos genoux !

Le madrigal suivant à la séduisante fille d'honneur de Marie de Médicis et le bouquet adressé à la brune Bohémienne terminèrent la première tournée.

A Mlle C...

Quand je vois la Poudre à la Reine
Sur ce beau front briller ainsi,
Je fais cette réflexion-ci :
C'est que j'aurais vécu sans peine,
A l'époque déjà lointaine
Où tout le monde était ainsi !
Mais quand je songe à votre grâce,
A votre esprit vif et charmant,
Ah ! je change de sentiment,
Mon désir insensé s'efface...
Et je me dis alors tout bas
Que je suis sot comme un vieux livre...
Car je n'aurais pas voulu vivre
Au siècle où vous ne viviez pas !

A Mlle B... (en diseuse de bonne aventure.)

Bohémienne au charmant sourire,
L'espérance suit tous vos pas,
Et vous ne pouvez nous prédire
Rien que du bonheur, n'est-ce pas ?

-- Il en aura, je vous le jure,
L'homme à qui, tout près de l'autel,
Vous direz la bonne aventure
Un jour... par un : *Oui* ! solennel !

Puis, le facteur qui s'était éclipsé revint une seconde fois. Il était plus grave et remit à la duchesse de Chevreuse et à sa noble voisine les plis qui leur étaient envoyés. Je ne nommerai point les destinataires — comme on dit à la poste — ceux qui ont reçu dans leurs salons une splendide hospitalité les diront avant moi.

A Mme P... (en costume Louis XIII.)

Madame, en vous voyant sous ces traits apparaître,
Je songeais aux châteaux cachés dans les prés verts,
Aux balcons ciselés sous leur haute fenêtre,
Aux larges escaliers toujours tout grands ouverts !
— Du temps de Richelieu, ces royales demeures
A des hôtes nouveaux s'ouvraient d'heures en heures ;
Et chacun tour à tour, d'un sourire accueilli,
Prenait place au foyer ainsi qu'un vieil ami !

. . . .

Pourquoi ce rêve étrange a-t-il frappé mon âme ?
C'est qu'il est impossible, en toute vérité,
Qu'en vous voyant entrer, on ne songe, Madame,
Aux nobles traditions de l'hospitalité !

A Mme C... (en marquise.)

Vos atours sont fort beaux, Madame la marquise ;
La robe est de bon goût, la coiffure est exquise...
Mais vos bijoux les plus charmants,
La parure à vos yeux toujours la plus jolie,
C'est, — n'ai-je pas raison ? — celle de Cornélie,
Madame ; ce sont vos enfants !

Vint encore le tour de la belle Haydée.

Vous frémissez, belle Haydée,
En sentant votre toque d'or,
Au cours de la valse emportée,
Sur votre front trembler encor...
Mais souffrez que je me console
Si je vois à vos pieds distraits
Tomber la couronne frivole...
Car il vous reste une auréole
De grâce, d'esprit et d'attraits ;
— Celle-là ne tombe jamais !

Le facteur parti, les danses recommencèrent. Il revint pour une troisième distribution et nous apporta une élégie pour l'Aurore.

A Mlle B... (en étoile du matin.)

Lorsqu'après une nuit froide, triste, orageuse,
Apparaît dans le ciel lointain,
Avec ses reflets blonds et sa lueur rêveuse
La douce étoile du matin,
Les brouillards à l'entour lentement se replient,
Blanches mousselines des cieux ;
Et des hiboux honteux les lourdes ailes fuient
En hâte, vers les sombres lieux :
— De même quand on sent sur soi briller la flamme
D'un beau regard plein de candeur,
Les doutes de l'esprit et les brumes de l'âme
Se dissipent au fond du cœur...
Et nous autres, laissant les rumeurs insensées,
Nous entendons chanter en nous,
Comme des rossignols, mille aimables pensées...
— Dites-moi, les entendez-vous ?
Je ne sais ! mais celui qui vous verra sourire,
Astre paisible et fraternel,
Sur son horizon sombre, — il aura droit de dire
Qu'il a sa bonne étoile au ciel !

A Mlle P... di... B., bouquetière, fraîche éclose des pinceaux de Boucher ou de Watteau, il remit ce quatrain.

C'est une idée heureuse, ah ! laissez-moi le dire,
Aimable bergère du lieu,
De marier à votre doux sourire
Des fleurs, ce sourire de Dieu.

Il avait aussi une poésie pour la vestale romaine qui s'était retirée avant la fin de la fête. On l'a lue, quelle indiscrétion !

En vous voyant, belle Romaine,
Je comprends aujourd'hui les conquérants Romains,
Le monde entier devenu leur arène,
Leurs combats de géants, leurs exploits surhumains...
Car il n'est pas jusqu'à l'ennemi de la guerre,
— A sir Cobden, — qui, loin des meetings oubliés,
S'il vous voyait passer devant sa grille austère,
Ne rêvât quelque jour de conquérir la terre...
Afin de la mettre à vos pieds !

Ainsi que ce madrigal pour la jeune Rebecca, à laquelle était échue, — on s'en souvient — lors du voyage de LL. MM. l'honneur de complimenter l'Impératrice.

Rebecca ! ce doux nom, ce gracieux visage,
Rappelle à ma mémoire un récit d'un autre âge :
La belle Rebecca, dans le désert en feu,
Offrant l'eau de la source à l'Envoyé de Dieu...
— Et cette antique histoire à son tour me rappelle
Que vous avez vous-même un jour, mademoiselle,
Offert un humble hommage et des fleurs de nos monts
A deux hôtes bien chers... La Corse sait leurs noms !

La verve de l'improvisateur n'était point épuisée ; mais que de dames étaient parties déjà ; que de postes restantes demeurées, faute d'adresses suffisantes, au fond de la boîte de l'infatigable facteur ! Où trouvera-t-il maintenant la jeune Prussienne dont la voix mélodieuse vibre parfois dans la rue du marché, Marie Stuart qui a débarrassé ses beaux cheveux noirs de la cape qui les emprisonnait, Marie de Médicis, qui reste reine par le cœur et par l'intelligence, Mlle L. la pêcheuse de Sorrente, et Mlle B. la marquise ingénue de quinze ans ?

Un cotillon, — les cotillons sont interminables, — acheva la matinée, — et ces dames passèrent à la salle du buffet. J'y descendis sur la main finement gantée d'une jeune châtelaine, et les premiers rayons du soleil de sept heures dorèrent les costumes qui n'avaient été pailletés d'or que pour briller aux reflets étincelants des lustres. Je vous redirais bien le menu somptueux du banquet, je vous répéterais bien les conversations joyeuses qu'accompagnait le cliquetis des verres et qu'interrompaient les détonations mousseuses du champagne ; mais je m'arrête, chers lecteurs, car depuis longtemps déjà vous devez vous apercevoir que je bavarde, que je bavarde comme...... comme

Une Perruche.

Pour copie :

Charles GUÉRIN.

(Extrait du *Journal de la Corse* du 25 février 1862.)

Ajaccio, Imp. G. Marchi.

www.ingramcontent.com/pod-product-compliance
Lightning Source LLC
LaVergne TN
LVHW010221230826
846091LV00008BB/3616

9782019219109